Inhalt

Squeeze-out-Verfahren aus strategischer Perspektive

Kernthesen

Beitrag

Fallbeispiele

Weiterführende Literatur

Impressum

GENIOS WirtschaftsWissen Nr. 09/2004 vom 14.09.2004

Squeeze-out-Verfahren aus strategischer Perspektive

M.Sydow

Kernthesen

- Ein Squeeze-out ist der letzte Schritt, den ein Hauptaktionär durchführen kann, wenn ein bereits erfolgtes Übernahmeangebot bei den Aktionären gescheitert ist. (1), (2), (5)
- Die Berechnung der Barabfindung muss in Deutschland an die EU-Übernahmerichtlinie angeglichen werden. (3), (8)
- Für den Aktionär, dem ein Übernahmeangebot gemacht worden ist, kann die Strategie auf eine höhere Abfindung durch ein Squeeze-out zu hoffen,

mit einem hohen Risiko verbunden sein. (3), (4), (7), (9), (10)

Beitrag

Nachfolgender Artikel beschreibt das Squeeze-out-Verfahren aus einer strategischen Perspektive. Dazu wird die Berechnung des Abfindungspreises diskutiert und die Auswirkungen dieser Methodik für den deutschen Kapitalmarkt erörtert.

Definitorisch kann Squeeze-out als zwangsweiser Ausschluss von Minderheitsaktionären aus einer Aktiengesellschaft gegen Barabfindung verstanden werden. Dieses Vorgehen ist allerdings nur dann möglich, wenn dem Hauptaktionär Aktien in Höhe von mindestens 95 Prozent des Grundkapitals gehören. Geregelt ist dies in dem Wertpapiererwerbs- und Übernahmegesetz (WpÜG). Zur Berechnung der Barabfindung hat der Hauptaktionär einen oder mehrere Sachverständige hinzuzuziehen. (5)

Unterschied zwischen Abfindungspreis und Übernahmeofferte

Bei Squeeze-outs gibt es immer häufiger den Fall, dass der Abfindungspreis wesentlich über dem Preis der vorangegangen Übernahmeofferte liegt. Der Unterschied im Preis zwischen Squeeze-out und Übernahmeofferte liegt in der Berechnung. So wird bei Übernahmeangeboten ein Marktpreis geboten, der eine Prämie auf den aktuellen Börsenkurs beinhaltet. Bei Squeeze-outs hingegen ist der so genannte Ertragswert die Kalkulationsbasis für die gesetzlich vorgeschriebene Abfindung. Dieser berücksichtigt die den Aktionären zukünftig zufließenden Erträge auf der Basis der derzeitigen Planung des Unternehmens. (3)

Berechnung des Ertragswertes

Bei der Berechnung des Ertragswertes finden die Ertragssteuern des Unternehmens und des Anteilseigners Berücksichtigung. Nach Maßgabe des steuerlichen Halbeinkünfteverfahrens wird für die Ausschüttung an die Aktionäre nur noch ein typisierter Steuersatz von 17,5 Prozent angesetzt.

Bestimmung des Kapitalisierungszinssatzes

Der Kapitalisierungszinssatz wird hingegen mittels einer Alternativinvestition, die voll zu versteuern ist, das heißt mit einer typisierten Steuerbelastung von 35 Prozent, angesetzt. Damit wird der Ertragswert künstlich erhöht. Systemgerecht wäre jedoch, für den Kapitalisierungszinssatz ebenfalls den hälftigen typisierten Satz von 17,5 Prozent anzuwenden. (3)

Gefahren für den deutschen Kapitalmarkt

Diese Inkonsistenz bei der Berechnung des Ertragswertes birgt die Gefahr in sich, dass auch bei einem attraktiven Übernahmeangebot, welches auf dem Marktpreis beruht, die Aktionäre auf einen höheren Preis durch einen Squeeze-out spekulieren. Ein Scheitern des Squeeze-out würde allerdings alle Aktionäre schlechter stellen als bei einer Annahme der Übernahmeofferte.

Die Möglichkeit einer nachträglichen Erhöhung der Abfindung kann in Deutschland nur durch ein Spruchstellenverfahren erreicht werden. Dies ist einerseits gut für die Aktionäre stellt aber andererseits für ausländische Unternehmen, Investoren und Investmentbanken ein schwer kalkulierbares Risiko bei grenzüberschreitenden

Unternehmensfusionen dar. In ausländischen Rechtsordnungen ist dies nicht der Fall und schränkt dementsprechend die Flexibilität des deutschen Kapitalmarktes ein. (3)

Spruchstellenverfahren

Bereits ein einzelner Kleinaktionär hat das Recht die Abfindungshöhe durch ein Spruchstellenverfahren überprüfen zu lassen. Dies ist häufig der Fall, da die beklagte Gesellschaft die Kosten eines solchen Verfahrens zu tragen hat. (5)

Auswirkungen der Europäischen Übernahmerichtlinie auf das deutsche Übernahmerecht

Seit dem 20. Mai 2004 ist die Europäische Übernahmerichtlinie in Kraft getreten. Bis spätestens 20. Mai 2006 muss die Richtlinie in entsprechenden Rechts- und Verwaltungsvorschriften der Mitgliedsstaaten umgesetzt worden sein. Im deutschen Recht besteht im Bereich der Preisvorschriften des WpÜG Änderungsbedarf. (8)

Squeeze-out-Spekulation

Ein neu aufgelegtes Squeeze-out Basket Zertifikat von Sal. Oppenheim ermöglicht es auch Anlegern, die nicht über das notwendige Fachwissen verfügen, von der Squeeze-out-Spekulation zu profitieren. Das Strategie-Zertifikat investiert jeweils in 10 Werte, welche von Seiten der Bank als Kandidaten mit hohem Kurspotential bei einem Squeeze-out eingestuft werden. Die Spekulanten profitieren dann von den steigenden Kursen, der im Basket enthaltenen Werte. (9), (10)

Fallbeispiele

Der Essener Energiekonzern RWE hat seine Beteiligung an der Dortmunder Harpen AG auf über 50 Prozent aufgestockt. Ziel dieser Erhöhung ist ein Squeeze-out-Verfahren einzuleiten, welches in einer außerordentlichen Hauptversammlung am Anfang des vierten Quartals 2004 beschlossen werden soll. Die Harpen AG wird mit einem durchschnittlichen

Börsenwert von 622 Millionen Euro bewertet. Bei dem aktuellen Aktienkurs würde sich die Barabfindung für die außenstehenden Aktionäre auf etwa 31 Millionen Euro summieren. Ziel des Squeeze-out ist ein Delisting von Harpen einzuleiten, um dadurch eine Aufwandsentlastung herbeizuführen. Außerdem soll die Immobiliensparte von Harpen verkauft werden. (1)

Die Gerresheimer Glas AG hat sich von einem Hersteller von Standard-Behälterglas zu einem krisenresistenten Verpackungsspezialisten für die Pharma- und Kosmetikindustrie entwickelt. Die Zahlen sprechen für das Unternehmen - mit einer Ebitda-Rendite von 18 bis 20 Prozent ist es in der Verpackungsbranche führend. Grund für den Aufschwung war eine Abkehr von der Börse durch einen Squeeze-out. (2)

Bei dem Darmstädter Messtechnik-Konzern Carl Schenk AG werden die Inhaber der noch 1,3 Prozent im Umlauf befindlichen Aktien, das heißt die freien Anteilseigner, zwangsweise mittels eines Squeeze-out-Verfahren aus Schenk herausgedrängt. In einem Spruchstellenverfahren werden zurzeit die Prognoserechnungen sowie die verwandten Zinssätze bei der angebotenen Barabfindung nachgeprüft. (4)

Die Internet-Tochter der France Telecom Wanadoo wird über ein Squeeze-out-Verfahren anstelle einer

Tauschofferte in den Konzern integriert. Grund dafür ist, dass bei einer Tauschofferte der Anteil des Staates an France Telecom unter 50 Prozent sinken würde und somit eine Änderung des Unternehmensstatuts erforderlich gewesen wäre. Politisch wäre dies allerdings nicht zu realisieren. (6)

Die HVB-Tochter Vereins- und Westbank wird über ein Squeeze-out-Verfahren in den Mutterkonzern integriert. Die Konzernleitung erwartet sich dadurch Synergien in Höhe von 70 Millionen Euro. Die Abfindungshöhe wird zur Zeit in einem Spruchstellenverfahren überprüft. (7)

Weiterführende Literatur

(1) RWE packt bei Harpen den Squeeze-out an Barabfindung kostet etwa 31 Mill. Euro
aus Börsen-Zeitung, 09.06.2004, Nummer 109, Seite 13

(2) Gerresheimer fühlt sich fit für die Börse Noch kein Exit-Beschluss der Eigentümer - Vieles spricht für Secondary Buy-out
aus Börsen-Zeitung, 03.06.2004, Nummer 105, Seite 13

(3) Der Übernahmepreis sollte auch für das Squeeze-out verbindlich sein Spekulation auf höheren Abfindungspreis kann Übernahmen scheitern lassen
aus Börsen-Zeitung, 14.07.2004, Nummer 133, Seite 2

(4) "Europarekord für ein Squeeze out"
aus Darmstädter Echo, 10.07.2004

(5) Squeeze out
aus Darmstädter Echo, 10.07.2004

(6) Squeeze-out mit Rücksichtnahme
aus Börsen-Zeitung, 30.06.2004, Nummer 123, Seite 8

(7) Turbulenter Squeeze-out bei HVB-Tochter
Vereins- und Westbank verliert die Eigenständigkeit
aus Börsen-Zeitung, 25.06.2004, Nummer 120, Seite 4

(8) EU-Übernahmerichtlinie verabschiedet
aus FINANCE - Der Markt für Unternehmen und Finanzen Heft 7/8 vom 25.06.2004, Seite 038

(9) "Die Squeeze-out-Spekulation ist ein komplexer Prozess" - Interview mit Dr. Wolfgang Gerhardt, Leiter des Derivate-Marketings bei Sal. Oppenheim
aus Going Public, Heft 8/2004, S. 53

(10) Von Squeeze-out-Phantasie profitieren - Mit einem Strategie-Zertifikat in eine Marktnische investieren?
aus Going Public, Heft 8/2004, S. 52-54

Impressum

Squeeze-out-Verfahren aus strategischer Perspektive

Bibliografische Information der deutschen Nationalbibliothek

Die Deutsche Nationalbibliothek verzeichnet diese Publikation in der deutschen Nationalbibliografie; detaillierte bibliografische Daten sind im Internet über http://dnb.d-nb.de abrufbar.

ISBN: 978-3-7379-1196-2

© 2015 GBI-Genios Deutsche Wirtschaftsdatenbank GmbH, Freischützstraße 96, 81927 München, www.genios.de

Alle Rechte vorbehalten. Dieses Werk ist einschließlich aller seiner Teile – z.B. Texte, Tabellen und Grafiken - urheberrechtlich geschützt. Jede Verwertung außerhalb der Grenzen des Urheberrechtsgesetzes bedarf der vorherigen Zustimmung des Verlags. Dies gilt insbesondere auch für auszugsweise Nachdrucke, fotomechanische Vervielfältigungen (Fotokopie/Mikroskopie), Übersetzungen, Auswertungen durch Datenbanken oder ähnliche Einrichtungen und die Einspeicherung und Verarbeitung in elektronischen Systemen.